Lb 3473.

LETTRES HISTORIQUES

A

MARIE-AMÉLIE

PAR M. FRÉDÉRIC DOLLÉ,
Auteur de l'Histoire des Six Restaurations.

Se vend 30 cent., au profit des Soldats de Charles V.

Paris,
AU BUREAU DE LA MODE, RUE TAITBOUT, 28.
CHEZ DENTU, PALAIS-ROYAL.
A MOULINS, AU BUREAU DU JOURNAL DU BOURBONNAIS.

—

1841.

IMPRIMERIE DE P.-A. DESROSIERS,
à Moulins (Allier).

A MARIE-AMÉLIE.

(EXTRAIT DU JOURNAL DU BOURBONNAIS.)

M. Frédéric Dollé a bien voulu écrire pour le *Journal du Bourbonnais* une nouvelle lettre historique que nous nous empressons de publier. C'est un honneur dont nous sommes fier et que nos lecteurs apprécieront sans doute. On se souvient encore du succès prodigieux qu'obtint il y a un an la brochure intitulée : DUBOIS ET M. THIERS , que nous publiames les premiers. La lettre à MARIE-AMÉLIE trouvera la même faveur auprès du public. Les bons esprits se sont souvent préoccupés des tendances protestantes du régime actuel. Des protestans ont été appelés au ministère des cultes et de l'instruction publique, et la famille que la catastrophe de juillet a placée sur le trône des *rois très chrétiens*, des descendans de Charlemagne et de Saint-Louis, n'a trouvé des alliances que parmi les sectateurs de Luther et de Calvin.

La lettre à MARIE-AMÉLIE est donc pleine d'apropos. Aujourd'hui surtout que nous avons une école de *ligueurs,* il est bien de montrer sous quel drapeau ils se rangent. Toutefois ne confondons pas les époques. La mort de Henri III appelait au trône un prince protestant. Le principe catholique menacé par cet événement fit effort pour se dégager, et cet effort, malgré les excès qui le firent dévier, eut enfin pour résultat de rectifier la situation. La ligue du XVIe siècle était donc le mouvement du principe catholique, mais l'ambition des Guise l'avait faussé en y cherchant un appui pour leur usurpation contre les droits de Henri de Bourbon. La ligue moderne, au contraire, attaque à la fois le principe catholique et les lois fondamentales de ce pays. Ainsi, une différence radicale la distingue de son homonyme. Pour trouver une situation pareille à celle de cette fraction des *ralliés*, il faut ouvrir l'histoire d'Angleterre. Là, vous trouverez des *jacobites* devenus *torys*, vous trouverez le torysme uni à l'*église établie* contre Jacques II, le roi catholique, au profit de Guillaume d'Orange, l'usurpateur protestant. Là, vous trouverez aussi un édifice de *fictions* étayé par les apostasies politiques et religieuses, un *pays légal* en dehors des intérêts nationaux, un monopole étroit, lèpre hideuse et dévorante qui ne vit que par l'égoïsme et l'arbitraire.

M. Frédéric Dollé nous l'aura démontré : la révolution de juillet est orangiste et ne peut-être que cela ; mais ce système bâtard pourra-t-il prendre racine en France, pays de monarchie et de catholicisme ? Notre passé, les souvenirs de notre histoire, et l'état des esprits où le catholicisme est encore vivant, tout nous dit que notre patrie ne sera pas condamnée à subir un tel malheur.

A M. A. de Rubelles, rédacteur en chef du BOURBONNAIS.

MONSIEUR ET AMI,

Le comte de Paris est enfin baptisé comme catholique, mais par compensation nous ne devons pas oublier que quelques jours avant le baptême de ce *jeune héritier du trône céleste*, Madame la duchesse d'Orléans faisait voter, dans une réunion de protestans, 25,000 fr. pour être accordés à de « nouveaux mis- » sionnaires chargés de dissiper les ténèbres de l'idolatrie qui » couvrent l'esprit et le cœur des catholiques. » Voilà le respect que les d'Orléans montrent pour la *religion de la majorité des Français !*....
Tout cela est grave et mérite votre attention, mon cher ami, car la ligue naquit des empiètemens intolérables des calvinistes qui voulaient s'emparer du pouvoir. La révocation de l'édit de Nantes mit fin à leurs envahissemens actuels ; mais cet acte politique ne put anéantir en même temps leurs projets ambitieux et désorganisateurs de l'antique société française. Depuis cette époque, tout en les protégeant, nos rois usèrent d'une grande circonspection à leur égard, pensant sans doute qu'à la moindre occasion qui leur serait laissée, ils renouvelleraient leurs coupables tentatives d'usurpation ; car tous les révolutionnaires ont pensé avec M. de Barante que pour affermir leur pouvoir, « il fallait que la France fût pro- » testantisée. » C'est donc avec une profonde affliction que nous avons vu, dans ces derniers temps, une princesse en qui on aimait du moins la grande piété et l'amour maternel, livrer, sacrifier trois de ses enfans au protestantisme, contrairement à nos coutumes et en opposition tacite avec le pacte de 1830. Sincèrement ému d'un pareil outrage fait à la religion de la majorité des Français, j'ai voulu en peindre mon étonnement à Marie-Amélie

elle-même, et je suis parvenu à rassembler un assez bon nombre de matériaux à ce sujet ; mais n'ayant pas eu le loisir d'achever ma lettre, et les lois de septembre m'empêchant de la rendre aussi concluante que je le désirerais, l'ébauche de cette *nouvelle lettre historique* est restée dans mon portefeuille ; j'en arrache aujourd'hui quelques feuillets sans suite, pour montrer du doigt la plaie et les soumettre à votre excellent et consciencieux jugement. En le faisant je n'ai d'autre but que d'être utile. On sait que le protestantisme fut introduit en France par la protection toute spéciale qui fut accordée à la nouvelle secte par une duchesse d'Orléans, sœur de François Ier ; Dieu veuille que la condescendance luthérienne d'une autre duchesse d'Orléans ne soit point fatale à notre patrie !...

Si vous trouvez, monsieur et ami, que quelques-unes des pages qui suivent puissent intéresser les lecteurs de l'excellent *Bourbonnais* que vous rédigez avec tant de zèle et de talent, je vous prie de les insérer ; cela me fera un très grand plaisir.

Tout à vous de considération et de cœur.

Frédéric DOLLÉ.

A MARIE-AMÉLIE.

> Rome n'est que la racaille de Sodome, la prostituée de Babylone ; le pape n'est qu'un scélérat qui crache des diables ; les cardinaux, *des malheureux qu'il faut* EXTERMINER.
> LUTHER.

> Le Calvinisme doit nécessairement enfanter des guerres civiles et ébranler les fondemens des états. Il n'y a point de pays où la religion de Calvin et de Luther ait paru sans exciter des persécutions et des guerres.
> VOLTAIRE.

> La religion catholique est la religion de la majorité des Français.
> CHARTE DE 1830.

1.

MADAME,

Les trois alliances potestantes que vous avez sanctionnées dans votre famille ont contristé toutes les ames chrétiennes ; cet exemple peut devenir funeste à la France, et il est certainement unique dans les annales de notre pays : Henri IV, que votre époux veut bien admettre au nombre de ses aïeux, se fit catholique avant de monter au trône de saint Louis;— Louis XIV, qu'il voudrait imiter par un amour démesuré pour Versailles, Louis XIV ne voulut pas permettre qu'une princesse protestante qui venait épouser un petit-fils de France, entrât même à Paris avant d'avoir abjuré solennellement ses erreurs ;— Louis XVIII refusa pour Mgr le duc de Berry, la sœur de l'empereur Alexandre, parce qu'elle n'était pas catholique ; — Henri Dieu-Donné serait déjà l'époux de la fille aînée de l'empereur de Russie, si l'auguste Marie-Thérèse avait voulu consentir à ce mariage sans l'abjuration *préalable* de la fille du czar.... Et vous Madame, vous que l'on a dépeinte comme si religieuse et si bonne, vous qui avez répandu tant de larmes politiques depuis 1830, vous enfin dont les entrailles maternelles ont eu tant à souffrir à la mort de votre fille Marie, c'est à des princes et princesses hérétiques que vous livreriez, avec vos enfans, l'avenir et le repos de votre patrie adoptive; malgré tout ce que je vois, malgré tout ce que j'entends et tout ce que je crains, j'ai peine à le croire, car non-seulement ce serait manquer de gratitude envers la France, mais encore, tout en jetant votre famille au milieu de nouvelles dissensions, vous insulteriez à la majorité de nos compatriotes qui est catholique. Cette position est d'autant plus grave que la France est entourée d'états protestans qui ne demanderaient pas mieux que de voir surgir de nouvelles divisions dans notre pays, pour nous affaiblir d'abord et pour nous démembrer ensuite, s'ils le pouvaient, comme cela est arrivé à la malheureuse et catholique Pologne !

Croyez-le bien, Madame, la pensée de ces unions

anti-françaises ne peut venir que de vos ennemis, de ces hommes perfides dont l'ambition, dès 1789, a creusé la source de nos maux et des vôtres par de funestes instigations. Aujourd'hui que ces détestables propagateurs de tous les crimes voient la France leur échapper pour retourner à l'ordre monarchique, ils voudraient vous faire jeter, le protestantisme comme un brandon de discorde au milieu de notre société catholique, dans l'espoir, peut-être, de faire oublier des querelles politiques d'un jour par cette grave question d'éternité !

Je suis heureux d'espérer, Madame, que les machiavéliques projets de ces hommes pervers seront désormais repoussés par vous comme ils le sont déjà par le bon sens national. Vous savez mieux que personne que le protestantisme n'a été véritablement qu'un brevet d'orgueil et de despotisme donné en appât à la société chrétienne :

Par Luther, moine ambitieux et corrompu qui prêchait publiquement le désordre et la débauche ;

Par Calvin qui a été flétri sur la place publique de Noyon (1) comme coupable du plus infâme de tous les crimes, et qui, tout en feignant de vouloir la tolérance religieuse, a poursuivi Servet jusqu'à Genève où il l'a fait brûler vif comme hérétique ;

Par Henri VIII qui n'a pas voulu obéir au pape comme chef de l'Église et qui s'est fait pape et chef de l'Église ; qui a épousé et fait égorger cinq ou six femmes et qui a prêché sa nouvelle foi à coups de glaive, en portant la peine de mort contre tous ceux

(1) Voir les *Archives curieuses de l'Histoire de France*, par MM. Cimber et Danjon.

de ses sujets qui ne seraient pas convaincus de la bonté de ses argumens luthériens ; en faisant passer, enfin, en quelques années, soixante-dix-huit mille victimes par la potence (1) ;

Par Élisabeth, dont le fanatisme protestant a dépassé celui de son père, et qui a fait monter sa sœur Marie-Stuart sur le même échafaud où avait péri Anne de Boulen, sa mère ;

Par Frédéric II, de scandaleuse mémoire, qui se prétendait sage et philanthrope et qui a comploté toute sa vie une nouvelle Saint-Barthélemy catholique pour *écraser l'infâme!*

Voilà pourtant, Madame, les hommes auxquels le protestantisme élève des autels qu'il refuse au Dieu

---

(1) « Tous ceux qui ont étudié Henri avec quelque soin,
» dit l'abbé Raynal, n'ont vu qu'un ami faible, un allié in-
» constant, un maître impérieux, un amant grossier, un
» mari jaloux, un père barbare, un roi despotique et cruel.»
Aussi, avant de mourir, Henri VIII en proie aux remords, appela tout son monde et s'écria : « Mes amis, nous avons
» tout perdu : l'état, la renommée, la conscience *et le ciel*.»
Le roi avouait quelques heures auparavant « qu'il n'avait
» jamais refusé la vie d'un homme à sa haine, ni l'honneur
» d'une femme à ses désirs. »

Voici le serment que ce roi imposa aux catholiques anglais, sous peine de mort et confiscation de leurs biens :

« Je N*** confesse et déclare pleinement convaincu en ma conscience, que le roi est le seul souverain de ce royaume et de toutes les puissances et seigneuries, aussi bien dans les choses spirituelles et ecclésiastiques que temporelles ; et qu'aucun autre prince, étranger, prélat, état ou puissance, n'a et ne peut avoir nulle juridiction, ni prééminence dans les choses ecclésiastiques ou spirituelles de ce royaume. »

Non content de ce serment, il fallait que tout fonctionnaire communiât sous trois mois, selon la nouvelle religion.

qui est venu s'immoler pour notre salut, en nous donnant sa vie pure et résignée en exemple!

Feller a dit avec beaucoup de raison : « Il ne faut pas croire que Jean Huss, Luther et Calvin fussent des génies supérieurs. Il en est des chefs de secte comme des ambassadeurs ; souvent les esprits médiocres réussissent le mieux, pourvu que les conditions qu'ils offrent soient avantageuses. Frédéric II appelait Luther et Calvin *de pauvres gens.* Si en effet, on veut réduire les causes des progrès de la réforme à des principes simples, on verra qu'en Allemagne ce fut l'ouvrage de l'intérêt, en Angleterre celui de l'amour, et en France celui de la nouveauté. L'amorce des biens fut le principal apôtre du luthérianisme... L'espérance de recueillir les dépouilles des ecclésiastiques, les revenus de tous les monastères, rentes des évêchés, des abbayes et en général de tous les bénéfices qu'on voulait enlever aux églises, engagea beaucoup de princes dans la nouvelle secte et lui fit plus de prosélytes que tous les livres de Luther. »

Je prends la liberté, Madame, de le répéter, c'est pour faire établir de fâcheuses comparaisons que les courtisans encouragent le protestantisme en France, et veulent lui donner pour gages vos fils et vos filles ; ils savent que les neuf dixièmes et demi des habitans de la France sont catholiques (1) et qu'ils verront avec déplaisir plusieurs mariages protestans dans la première famille du royaume, quand eux-mêmes n'en voudraient sans doute pas tolérer un seul dans la

---

(1) D'après une statistique récente, on ne compte en France que 700,000 protestans sur 33 millions d'habitans.

leur ; ils savent encore qu'étant à la tête d'une révolution faite au nom du peuple et de la liberté, on ne saurait, sans contradiction, introniser une secte qui, née de la tyrannie, ne vit à l'aise que dans les gouvernemens absolus et despotiques tels que la Prusse, la Hollande, le Wurtemberg, le Danemarck, la Suède, le Mecklembourg et l'Angleterre où l'on flagelle encore les soldats, et où plusieurs millions d'hommes sont les esclaves de deux ou trois cents impitoyables lords ; tandis que le catholicisme règne sur des nations libres ou éclairées, il règne sur l'Irlande, sur la France, sur l'Italie, sur la Belgique, sur la Pologne, sur les états libres de l'Autriche et sur les Espagnols ! Les prétendus réformés disent qu'ils représentent et perpétuent les apôtres du Sauveur des hommes ; quelle erreur ! Les premiers chrétiens, nos frères, ont inondé Rome de leur sang en confessant Jésus-Christ devant les païens ; les premiers protestans, au contraire, ont versé le sang de nos aïeux en confessant Valdo, Luther et Calvin. Saint Pierre fut crucifié à Rome, la tête en bas, par l'intolérance des ennemis du Christ ; et Calvin, Henri VIII et Frédéric II firent monter sur l'échafaud les meilleurs et les plus savans défenseurs de la loi chrétienne. On accuse les catholiques d'avoir injustement fait la Saint-Barthélemy ; mais un demi-siècle avant cette déplorable journée, Henri VIII avait dressé des échafauds pour tous les catholiques auxquels ce prince donnait le nom menteur d'idolâtres. Ce roi destructeur ne disait-il pas ensuite : « Après avoir émondé l'arbre, » il ne faut nous reposer qu'après avoir arraché le tronc » et détruit le principe de nouvelles pousses ? » Et avant Henri VIII même, n'a-t-on pas entendu Luther prê :her *l'extermination* des catholiques et la confiscation de leurs biens.

Maintenant, de quel côté sont les bourreaux et les victimes ? où sont les persécutés et les persécuteurs ? L'inflexible histoire est là pour donner raison à qui de droit; je m'en rapporte à elle et au bon sens français.

II.

Sous nos rois, la société française, que l'on a dit injustement avoir été tyrannisée, n'aurait certes point toléré les trois mariages protestans que vous avez déjà sanctionnés, Madame, j'en suis convaincu. Les princes sont dans une position toute exceptionnelle ; comme dit Fénélon, « ce n'est pas pour eux que » Dieu les a faits princes, mais pour le bonheur de » leurs sujets ; un roi doit être l'homme le moins » libre, le moins tranquille de son royaume ; c'est un » esclave qui doit sacrifier son repos et sa liberté » pour le repos et la félicité des autres. » Autrefois donc, les peuples s'occupaient et avaient le droit de s'occuper du mariage des princes, parce que de ces alliances dépend presque toujours le trouble ou la paix des empires ; en voici quelques exemples entre mille :

En 1210, Philippe-Auguste ayant cru pouvoir marier l'héritière de Flandre à Ferdinand de Portugal, sans le consentement et l'avis des états de la province, les Flamands témoignèrent leur mécontentement d'une manière si vive, que plusieurs villes refusèrent d'ouvrir leurs portes aux nouveaux époux : Gand se

laissa assiéger et prendre d'assaut : « La paix fut
» faite, dit M. Arnold Scheffer, mais moyennant la
» concession de plusieurs privilèges dont le plus
» important fut la faculté accordée aux bourgeois
» de renouveler annuellement leur administration.
» Toutes les villes de Flandre acquirent par la même
» occasion de nouvelles immunités, et *les grandes*
» *communes* devinrent de véritables démocraties. »

Les états-généraux furent demandés à Louis XII,
pour s'opposer au mariage d'une fille de France avec
l'archiduc Ferdinand. Je crois vous être agréable,
Madame, en vous rappelant avec quelques détails
comment les choses se passèrent à cette époque glorieuse de notre histoire, lorsqu'un duc d'Orléans
régna *légitimement* sous le nom de Louis, le *Père du peuple* :

L'année qui suivit la double alliance de Louis avec
Ferdinand, dit M. A. Delaroche, la plupart des villes
et communautés du royaume adressèrent au roi des
requêtes pour demander l'assemblée des états-généraux. Louis l'indiqua pour le 10 mai 1506, dans la
ville de Tours. Les députés s'y étant rendus de toutes
les provinces du royaume, conférèrent ensemble
pendant trois jours et élurent pour orateur Thomas
Bricot. Voici comment ce député parla au roi dans
cette circonstance solennelle :

« Sire, dès votre avénement à la couronne, votre
» sagesse a dissipé les orages qui avaient toujours
» paru inséparables d'un nouveau règne. Image de
» Dieu sur la terre, vous n'avez vengé vos injures
» que par des bienfaits ; père commun, vous n'avez
» vu dans tous vos sujets que des enfans tendres et
» soumis. En vain des voisins jaloux, comptant sur nos

» divisions ordinaires s'étaient-ils préparés à rava-
» ger nos provinces : battus, repoussés, ils ont hum-
» blement demandé la paix. Dans ces temps d'alarmes
» et de troubles où les revenus ordinaires de la cou-
» ronne paraissent insuffisans, vous avez soulagé le
» peuple ; *les impôts ont été diminués d'un tiers*. Des
» soins plus glorieux encore ont signalé les com-
» mencemens de votre règne ; *des lois sages ont as-
» suré la fortune des citoyens* ; les abus, qui s'étaient
» glissés jusque dans le sanctuaire de la justice, ont
» été retranchés ; et, ce que nos pères n'auraient osé
» ni prévoir, ni espérer, le laboureur n'a plus tremblé
» à l'approche du guerrier ; et, pour me servir de
» l'expression d'un prophète, le mouton bondit au
» milieu des loups, et le chevreau joue parmi les
» tigres. Quelles actions de graces peuvent vous
» rendre des sujets que vous avez protégés, enrichis !
» Comment s'acquitteront-ils de leurs obligations?
» Daignez, Sire, accepter le titre de *Père du peuple*
» qu'ils vous déférent aujourd'hui par ma voix. »

A ces mots, un doux murmure s'éleva dans l'assemblée, et fut suivi de cris de joie et d'applaudisse-
mens. L'orateur, après s'être recueilli un moment,
continua ainsi :

« Vos bienfaits, sire, ont passé notre attente ; mais
» ne nous auriez-vous comblés de biens que pour
» nous plonger dans des regrets plus amers ? Votre
» amour pour la patrie doit-il finir avec votre vie?
» N'auriez-vous pris tant de peine en faveur de vos
» fidèles sujets, que pour les livrer vous-même à la
» merci des étrangers, et leur faire perdre en un
» instant le fruit de tant de sang et de travaux ? Que
» ne puis-je retracer aux yeux de Votre Majesté la

» douleur profonde, la consternation à laquelle la
» France entière s'abandonna dans ces momens ter-
» ribles où nous tremblâmes pour vos jours? Pros-
» ternés aux pieds des autels, effrayés du seul danger
» qui vous menaçait, sans aucun retour sur nous-
» mêmes, nous ne demandions au ciel que la conser-
» vation d'une tête si chère. Lorsqu'un rayon d'es-
» pérance eût dissipé cette terreur profonde, nous
» vîmes avec effroi le péril qu'avait couru l'état :
» *toutes les suites d'un trop funeste engagement se*
» *présentèrent à notre imagination.* Cependant nous
» gardions le silence ; la faveur que le ciel venait de
» nous accorder comblait nos désirs ; nous ne doutâ-
» mes plus qu'un roi sage n'ouvrît les yeux sur le
» danger qui nous menaçait, et nous nous rappelâmes
» avec bonheur, que dans les cruels instans où vous
» paraissiez toucher à votre heure dernière, vous
» déclarâtes que *vous ne regrettiez la vie que parce*
» *que vous n'aviez point encore assuré le repos de*
» *votre peuple.* Ce sont ces paroles à jamais mémora-
» bles qui nous enhardissent à déposer aux pieds de
» Votre Majesté notre très humble requête. »

Aussitôt l'assemblée tomba à genoux, les bras levés vers le trône ; l'orateur, dans la même attitude, poursuivit ainsi d'une voix basse et tremblante :

« Puisse le suprême arbitre des destinées prolonger
» la durée de votre règne ! Puisse-t-il, propice à nos
» souhaits, vous donner pour successeur un fils qui
» vous ressemble ! Mais si ses décrets éternels s'op-
» posent à nos vœux ; s'il ne nous juge pas dignes
» d'une si grande faveur, adorons sa justice, et ne
» songeons qu'à faire usage des dons qu'il nous a faits.
» Sire, vous voyez devant vous le jeune comte d'An-

» goulême. Fils d'un père vertueux, élevé sous les
» yeux d'une mère vigilante, formé par vos conseils
» et par votre exemple, il promet d'égaler la gloire
» de ses aïeux : qu'il soit l'heureux époux que vous
» destinez à votre fille, et puisse-t-il retracer à nos
» neveux l'image de votre règne! »

Ce discours émut le cœur paternel de Louis et des larmes d'attendrissement coulèrent de ses yeux. Le chancelier Gui de Rochefort, après avoir reçu les ordres du roi s'avança vers l'assemblée, et dit :

« Messeigneurs des états,

« Notre souverain ne blâme pas la démarche que
» vous avez faite ; il rend justice aux sentimens qui
» vous l'ont inspirée, et voit avec la plus vive satis-
» faction à quel point la patrie vous est chère. Il
» accepte le titre de *Père du Peuple* (1) que vous lui
» déférez ; vous ne pouviez lui faire un don qui lui fût
» plus agréable. Si les soins qu'il s'est donnés ont
» tourné au profit de la chose publique, il déclare
» qu'il faut en rendre grâce à Dieu, et qu'il s'efforcera
» de mieux faire à l'avenir. Quant à la requête que
» vous lui avez présentée, elle roule sur un objet si
» important, que, quelque déférence qu'il ait pour les
» conseils de ses fidèles sujets, il ne peut rien statuer
» à cet égard, sans avoir pris l'avis des princes du
» sang, des grands et des premiers magistrats du
» royaume. »

(1) C'est le titre de *Père du Peuple* qu'ambitionna le plus Mgr le duc de Bordeaux dans son enfance et qu'il révendiquerait encore aujourd'hui.

Le lendemain de cette séance mémorable, les députés des états de Bretagne présentèrent au roi une requête entièrement conforme au vœu général de la nation. Le conseil extraordinaire que Louis avait convoqué, ayant décidé à l'unanimité que l'engagement pris avec l'archiduc devait être annulé, comme contraire aux intérêts du royaume, ce prince déclara en public que Madame Claude ne serait point mariée à Charles, comte de Luxembourg, à qui elle avait déjà été promise, et qu'elle épouserait François, comte d'Angoulême. En effet, le 28 mai 1506, la princesse fut fiancée au comte d'Angoulême en présence de toute la cour et des états du royaume. Le cardinal d'Amboise fit la cérémonie des fiançailles. Il y eut, à cette occasion, des fêtes et des réjouissances publiques dans toute l'étendue du royaume. Et le roi envoya, dit Garnier, « la décision des états-généraux » dans toutes les cours de l'Europe pour montrer » *qu'il n'avait pas pu se dispenser de déférer au vœu* » *unanime de ses sujets.* »

En 1530, Henri de Béarn n'ayant conservé qu'une fille, qui fut la mère d'Henri IV, fit assembler les états et leur demanda conseil sur la détermination qu'il convenait de prendre à l'égard de Jeanne d'Albret: le prétendant était le duc de Clèves, qui devait un jour hériter du trône de Charles-Quint. La réponse suivante des états prouve que nos pères n'étaient ni aussi ignorants, ni aussi tyrannisés que quelques hommes se plaisent à le répéter dans le plus grand intérêt de leur bourse et de leur vanité :

« Sire, le plus grand bien de vos sujets est de vous » avoir auprès d'eux. Si le mariage proposé avait » lieu, ceux de vos sujets qui auraient le malheur de

» vous survivre, n'auraient jamais aucun espoir de
» voir leur prince dans le Béarn, et s'il devenait même
» empereur, il aurait moins de moyens encore de les
» protéger, puisqu'il aurait des états plus vastes à
» défendre. Si vous tentez de recouvrer la Navarre,
» ou si vos ennemis attaquent vos états, le duc
» viendra-t-il vous défendre avec ses troupes? Le
» danger sera près de vous et le secours sera loin.

« Sire, *l'avis de vos états est que* CE MARIAGE NE
» CONVIENT NI A VOUS, NI A VOS SUJETS. *Vous êtes leur*
» *souverain pour les protéger, les défendre et les con-*
» *server dans la jouissance paisible de leurs biens.*
» Ils ont à leurs portes leurs ennemis naturels, l'en-
» nemi de vos ancêtres. Vos ancêtres s'allièrent contre
» lui avec la France; et telle a été leur fidélité qu'ils
» ont mieux aimé perdre leur royaume que de renon-
» cer à cette alliance. L'expérience leur a prouvé que
» telle est aussi la manière de penser de vos sujets.
» Suivez donc la voie que vos ancêtres vous ont tracée.
» *Vous devez assurer le sort de vos sujets, sans aban-*
» *donner le projet de reprendre la Navarre.* La France
» a causé la perte de ce royaume ; c'est de la France
» et non de l'Allemagne que vous devez attendre les
» moyens de le recouvrer. Il vaut mieux que le roi de
» France vous donne un prince de son sang, que si
» vous avez pour gendre le plus grand prince de la
» chrétienté.

« Si vous suivez ce conseil, sire, prenez de nos
» biens tout ce qu'il vous plaira. Vos sujets se sont
» bien trouvés des liens qui unissaient vos prédé-
» cesseurs à la France. Mais si le mariage du duc de
» Clèves et de notre princesse avait lieu, les états
» vous supplient de ne pas trouver mauvais qu'ils

« protestent de ce *mariage fait sans leur consentement.* » —Et le mariage avec le duc de Clèves n'eut pas lieu ; Antoine de Bourbon devint l'époux de Jeanne d'Albret, ainsi que les états l'avaient demandé.

N'est-il pas probable, Madame, que si l'on avait consulté la grande famille française sur le mariage de vos enfans, elle aurait également protesté, par mille bonnes raisons, contre les pitoyables choix qui ont été faits. Et puisque tout a changé dans la marche des choses depuis 1830, pourquoi vos filles ne se sont-elles pas alliées à des familles françaises ; il en est certes, qui auraient pu imposer des conditions ; mais en revanche, elles se seraient appelées Fitz-James, Reggio, Montmorency, de Noailles, de Pastoret, de Brézé, etc., etc., lignage illustre et glorieux dans lequel on chercherait vainement un régent d'Orléans ou un Philippe-Égalité ! Et croyez-vous, Madame, que le peuple n'eût pas plus applaudi à ces alliances de vos filles, que lorsqu'il les a vu donner à un sous-préfet anglais trônant à Bruxelles et à un petit prince Wurtembergeois ; qui ne pourront jamais faire pencher d'une ligne en faveur de la France la balance européenne ; nullité d'alliance pour nullité d'alliance, vous eussiez du moins dans votre famille des noms glorieusement français, des fidélités à toute épreuve, de bons chrétiens enfin ! Et qui sait, Madame ! peut-être qu'alors cette jeune martyre de son dévoûment filial, cette princesse Marie qui était estimée de tous, vous bénirait encore aujourd'hui comme mère et comme française ! Fût-elle morte, du moins son agonie eût été plus douce en laissant son fils dans les bras d'un descendant des premiers barons chrétiens, au lieu d'emporter la douloureuse certitude de le savoir élevé par un huguenot politique et religieux.

III.

La joie que vous a causée la naissance du comte de Paris, et les *pompeuses* fêtes de famille de son baptême, vous empêchent peut-être, madame, de réfléchir à tout ce que j'ai eu l'honneur de vous dire relativement aux empiètemens probables de la religion de Luther sur celle de Jésus-Christ; c'est pourtant, à mon avis, une bien grande affaire, et je suis fort étonné que l'on célèbre par des fêtes la naissance et le baptême de ce *jeune héritier du trône céleste*; les journaux ministériels ont aussi cru faire merveille en annonçant avec emphase que le comte de Paris était né la veille du jour de Saint-Louis, et que cette circonstance était d'un bon augure pour l'avenir du prince; comme chrétien, nous l'espérons peut-être plus que vous, madame; mais veuillez vous souvenir que la veille de la Saint-Louis est le jour de la Saint-Barthélemy : la Saint-Barthélemy ! malheureux anniversaire des DEUX plus déplorables journées dont la France ait eu à gémir! je dis *deux journées*, car bien que messieurs les réputés philosophes ne parlent jamais que de la dernière, celle-ci ne fut pourtant qu'une *représaille consentie* (1) par le trop faible Charles IX, laquelle eut lieu le 24 août 1572; mais ils se gardent bien de dire que le 24 août 1569,

(1) Voir les *Archives curieuses de l'Histoire de France*, par MM. Cimber et Danjon.

tous les nobles, tous les prêtres, tous les bourgeois catholiques du Roussillon, du Béarn, de la Navarre et des environs, furent massacrés le même jour et à la même heure par les protestants. L'historien Noël, écrivait en 1803 : « Le jour de la Saint-Barthélemy, » le 24 août 1569, eût lieu le massacre des prêtres et » des nobles dans le Béarn et dans la Navarre *par les* » *calvinistes.* » L'auteur de l'*Histoire de la Navarre,* en parlant de ce massacre, ajoute : « Ces nouvelles » fâchèrent extrêmement le roi Charles qui, dès lors, » résolut une seconde Saint-Barthélemy en expiation » de la première. » Le même historien, en racontant l'accomplissement de cette affreuse résolution, dit formellement que « le roi Charles y fut excité par le » souvenir des seigneurs dagués de sang-froid en » Béarn par Montgoméry, lequel pompeusement se » panadait à Paris. »(*Histoire de Navarre,* liv. XIV.)

Au reste, les assassinats des catholiques par les protestants ne datent ni de la première, ni de la seconde Saint-Barthélemy; bien avant cette époque (1) en 1553, c'est-à-dire dix-neuf ans avant la Saint-Barthélemy, le 27 octobre, est-ce que Jean Calvin n'a pas fait brûler vif, à Genève, le savant et célèbre Michel Servet ? (2) En 1565, huit ans avant la Saint-

(1) Dès 1535, Henri VIII fit trancher la tête à Thomas Morus, pour n'avoir pas voulu prêter serment de suprématie religieuse au Néron de l'Angleterre.

(2) « D'autres temps, d'autres sentimens, dit Feller. Poursuivi en France, Calvin écrit contre les intolérans; maître à Genève, il soutint qu'il fallait condamner aux flammes ceux qui pensaient comme lui, et cet homme qui ne comptait pour rien l'autorité de l'Eglise universelle, voulait être l'arbitre de toute croyance.... Il fit plus : il établit

Barthélemy, et en présence même du roi Charles IX, comme la procession du Saint-Sacrement passait, à Lyon, sous les murs du collège de la Trinité, le prêtre qui portait l'ostensoir fut blessé mortellement par une pierre lancée des fenêtres du collège dont tous les professeurs étaient calvinistes. Les catholiques de la ville demandèrent justice des coupables, et elle se fit si long-temps attendre, que la querelle s'envenima à un tel point que les duels et les combats devinrent très fréquents, et que les prétendus réformés rêvèrent et conçurent dès lors le plan d'un vaste massacre des catholiques, massacre qui aurait eu bientôt lieu sans la présence d'esprit du père Edmond Auger. Voici comment Colonia s'exprime à son sujet : « La providence fournit à Edmond Auger
» un heureux stratagême. L'heure de minuit était le
» signal que les protestants s'étaient donné dans tous
» les quartiers pour sortir de leurs maisons, et l'hor-
» loge de Saint-Nizier était le signal auquel ils
» ils devaient commencer à agir. Edmond Auger fit
» avorter leur projet en dérangeant toutes les horlo-
» ges de la ville; on entendit sonner neuf heures ou
» dix heures dans un quartier, tandis qu'on enten-
» dait sonner deux ou trois heures dans l'autre.
» L'horloge de Saint-Nizier fut arrêtée, et ne sonna
» point du tout à l'heure du signal : ces variations
» causèrent l'inaction et jetèrent la confusion et le

une espèce d'inquisition, une chambre consistoriale avec droit de censure et d'excommunication. Cette religion qu'on a cru être favorable à la liberté, eut pour auteur un homme dur jusqu'à la tyrannie. Calvin, suivant J.-J. Rousseau, avait tout l'orgueil du génie qui croit sentir sa supériorité et qui s'indigne qu'on la lui dispute.

» désordre parmi les conjurés. Une autre fois, en
» 1562, dix ans avant la Saint-Barthélemy, les protes-
» tants résolurent de s'emparer de la ville de Lyon et
» ils choisirent le moment où le commandant Mau-
» giron était allé passer en revue de nouvelles trou-
» pes; les conjurés occupèrent Saint-Nizier, et du
» clocher ils assaillirent avec des pierres et des mous-
» quets la maison consulaire qui était derrière
» l'église. Ils s'emparèrent de ce poste vivement dé-
» fendu par vingt-cinq arquebusiers commandés par
» Maurice Dupeyrat. Les canons que renfermait
» l'hôtel-de-ville tombèrent en leur pouvoir ainsi que
» l'arsenal des cordeliers et de Saint-Eloi. Les points
» importants des deux côtés de la ville furent alors
» entre les mains des huguenots, le cloître de Saint-
» Jean, où les chanoines s'étaient retirés tenait en-
» core. Le comte de Sault commandait cette petite
» forteresse, qui fit une résistance bientôt inutile par
» l'arrivée du baron des Adrets. Il fit le siège du
» cloître Saint-Jean, après s'être établi dans le cou-
» vent des Célestins qu'il avait pris d'assaut; pour
» s'introduire dans la ville, il avait forcé le pas-
» sage du pont de la Guillotière.

« Une capitulation s'ensuivit. Il fut convenu, par
» cet acte arraché au chapitre et au gouverneur du
» Lyonnais, que *deux mille protestans* seraient com-
» mis à la garde de la cité, *et soudoyés par la com-
» mune ainsi que par l'église;* que les catholiques
» absens pourraient rentrer librement dans Lyon;
» qu'il y aurait dans le consulat douze protestans;
» qu'enfin la liberté de conscience serait proclamée.
» Un article du traité renferme une de ces conditions
» ridiculement contradictoires, qui sont tout l'esprit

» des partis triomphans ; il porte, *qu'il ne se dira*
» *plus de messes*, et il suit immédiatement celui qui
» reconnaît la *liberté de conscience* ! L'effet de cette
» capitulation fut l'exil volontaire auquel se soumi-
» rent les religieux de l'un et de l'autre sexe et pres-
» que tous les prêtres. Les couvens, les églises aban-
» donnés par eux, furent transformés en temples cal-
» vinistes. *Les images et les reliques brisées par les*
» *vainqueurs*, qui détruisirent aussi plusieurs édifices,
» et principalement le beau cloître fortifié de Saint-
» Just. De terribles excès signalèrent cette impor-
» tante prise de possession (1). »

Je vais citer un nouvel exemple de la tolérance que les protestants accordaient aux catholiques après avoir commis tant de crimes pour l'obtenir ; c'est la reine de Navarre elle-même qui va parler :

« A Pau, en Béarn, dit-elle dans ses *Mémoires*,
» où n'y ayant nul exercice de la religion catholique,
» l'on me permit seulement de faire dire une messe
» en une petite chapelle qui n'a que trois ou quatre
» petits pas de loup, qui, étant fort étroite, était
» pleine quand nous y étions sept ou huit. A l'heure
» que l'on voulait dire la messe, on levait le pont
» du château, de peur que les catholiques du pays
» l'ouïssent, car ils étaient infiniment désireux de
» pouvoir assister au saint sacrifice, de quoi ils
» étaient depuis plusieurs années privés. Poussés de
» ce saint et juste désir, les habitans de Pau trouvè-
» rent moyen, le jour de la Pentecôte, avant qu'on
» levât le pont, d'entrer dans le château, se glissant

(1) *Résumé de l'Histoire du Lyonnais*, pages 269, 270 et suivantes.

» dans la chapelle où ils n'avaient point été décou-
» verts jusqu'à la fin de la messe, qu'entrouvrant la
» porte pour laisser entrer quelqu'un de mes gens,
» quelques huguenots qui épiaient à la porte, les
» aperçurent et l'allèrent dire à Dupin, secrétaire
» du roi mon mari, lequel y envoya des gardes du
» roi, mon mari, qui les tirant hors et les battant en
» ma présence, les menèrent en prison, où ils furent
» long-temps et payèrent une grosse amende..... »

Voici maintenant un échantillon de la polémique grave et religieuse de Luther :

« Rome n'est que la *racaille de Sodôme*, dit-il, la
» *prostituée de Babylone*, le Pape n'est qu'un *scélé-*
» *rat qui crache des diables* ; les cardinaux des *mal-*
» *heureux qu'il faut exterminer*. Si j'étais le maître
» de l'empire, écrivait-il, je ferais en même temps
» paquet du Pape et des cardinaux, pour les jeter
» tous ensemble dans la mer ; ce bain les guérirait,
» j'en donne ma parole ; j'en donne Jésus-Christ
» pour garant. » Luther dit ensuite que la papauté Romaine a été établie par Satan. Dans une discussion théologique avec les savans de Louvain, il traite ses adversaires de *bêtes, pourceaux, épicuriens, athées*, etc. Il écrivait d'Henri VIII lors de la publication de l'ouvrage qui mérita à ce roi, du pape Léon, le titre de défenseur de la foi : « Je ne sais si la folie elle-
» même peut-être aussi insensée que la tête de ce
» pauvre Henri ! O que je voudrais bien couvrir
» cette majesté anglaise de boue et d'ordure ! j'en ai
» bien le droit ! venez, monsieur Henri, je vous ap-
» prendrai ! »

Quelle élévation de pensée ! quelle majesté de style pour un réformateur !....

IV.

D'après tout ce qui précède, vous serez sans doute aussi convaincue que moi, madame, que la saint-Barthélemy *consentie* par Charles IX ne fut point une provocation, mais une représaille. Et c'est dans de pareilles circonstances, c'est pour célébrer la naissance du fils d'une protestante que le conseil municipal de la capitale du royaume a fait présent d'un épée au comte de Paris ! Mais il ne nous reste plus qu'à demander s'il s'en servira comme Charles IX, ou comme Henri VIII ! Dans tous les cas, une épée est toujours d'un déplorable augure entre les mains d'un enfant au berceau ; comme chrétien, j'aimerais mieux lui voir une croix, seule arme que Dieu ait employée pour sauver le monde; ce ne sont d'ailleurs jamais des signes de destruction ou de grandeur qu'il faut mettre aux mains des enfans : ce sont au contraire des emblêmes d'humilité et d'égalité qu'ils ne sont toujours que trop portés à méconnaître dans la suite. Il doivent tous imiter l'exemple de ce dauphin de France qui disait en 1765 à ses trois fils et à madame Elisabeth, après s'être fait apporter les registres de la paroisse où ils avaient été inscrites à leur rang parmi tous les nouveaux-nés de la ville : « Vous
» voyez votre nom placé à la suite de celui du pau-
» vre et de l'indigent. La religion et la nature met-
» tent ainsi tous les hommes de niveau ; la vertu
» seule apporte entre eux quelque différence, et
» peut-être que celui qui vous précède sera plus
» grand aux yeux de Dieu, que vous ne le serez
» jamais aux yeux des peuples.»

Voilà certes un noble et bel exemple à suivre, Madame. A quoi peuvent servir tant de fastueuses réjouissances pour un nouveau-né, si ce n'est à centupler les angoisses de l'adversité, lorsque des temps d'épreuve nous sont imposés par Dieu !... Les choses d'ici-bas sont si éphémères! les espérances de la veille sont si souvent déçues le lendemain !.... Voyez plutôt, Madame : le 23 août 1754, le canon des Invalides annonçait la naissance d'un petit-fils de France, qui fut Dauphin et qui eut l'honneur de porter la couronne de saint Louis ; l'allégresse et les vœux furent universels ; tous les cœurs de mères tressaillirent de joie et d'amour, comme si leurs propres entrailles venaient d'enfanter un fils ; tous les Français s'émurent de vénération et d'enthousiasme, comme si un père commun, un sauveur, un protecteur tout-puissant leur fût né à toujours; eh bien! Madame, cet enfant tant aimé et tant chéri dès le berceau fut l'infortuné Louis XVI ; comment toutes ces fêtes ont-elles fini ? par l'échafaud révolutionnaire, qui a emporté cette belle tête qui avait reçu tant de baisers adulateurs, et par les chants de la *Marseillaise*!—Et le roi de Rome? à sa naissance ne semblait-il pas qu'il n'y aurait pas assez de trônes au monde pour contenir cette chétive créature ? Le roi de Rome est mort loin de la France, colonel autrichien, peu connu et peu regretté de ses concitoyens.— Et Napoléon lui-même, ce favori de la fortune, ce vainqueur des vainqueurs, n'a-t-il pas fini par subir la prison de Sainte-Hélène, après avoir commandé à l'Europe ?—Et le duc de Bordeaux, si attendu, si aimé, n'est-il pas actuellement dans l'exil ? Et pourtant! il a été appelé l'enfant du miracle ! et pourtant tous les poètes ont chanté sa venue ;

la diplomatie l'a appelé l'Enfant de l'Europe, et j'ai eu le bonheur d'entendre Louis XVIII annoncer ainsi sa naissance aux Français : « Mes enfans, il nous » est né un enfant à tous ; il vous aimera comme je » vous aime, comme vous ont aimé tous les miens. » Le nonce de Notre Saint-Père le Pape dit en prenant l'orphelin royal dans ses bras : « Cet enfant de » douleurs, de souvenir et de regrets, est aussi l'en- » fant de l'Europe. Il est le présage et le garant de la » paix et du repos qui doivent suivre tant d'agitations. »

L'empereur Alexandre écrivit à Louis XVIII : « La » naissance du duc de Bordeaux est un évènement que » je regarde comme très heureux pour la paix de » l'Europe, et qui porte de justes consolations au sein » de votre famille. Je prie Votre Majesté de croire » que je ratifie le titre d'enfant de l'Europe, dont on a » salué M. le duc de Bordeaux. »

M. le préfet de la Seine s'est exprimé ainsi à la fête populaire qui fut donnée à l'Hôtel-de-Ville, et à laquelle Votre Altesse avait l'honneur d'assister auprès du noble comte d'Artois :

« Nous l'avons salué, ce jeune enfant, comme l'au- » rore qui annonce un jour pur après la tempête. Il » vivra pour imiter ses nobles parens ; ses modèles » sont dans sa famille : il y trouvera les qualités qui » font les bons princes et les vertus qui forment les » grands rois. *Le temps n'est pas loin que ces vertus* » *royales seront enfin appréciées, et que, par un ac-* » *cord unanime les peuples sauront combien on doit* » *plus à ces garanties qu'aux fausses et funestes ma-* » *ximes des novateurs.* Déjà la France repousse avec » dédain leurs abstractions mensongères : son bon- » heur est une réalité plus douce, elle s'y plaît et se

» confie avec délices aux nobles mains qui l'ont pré-
» paré. Après de longs orages, qui n'ont pas été sans
» gloire, il est temps de goûter le repos et la félicité.
» La politique des enfans de saint Louis fut toujours
» de rendre la vie commode et les peuples heureux.
» Fiers de notre chère et belle France ainsi que de
» sa prospérité, *contemplant avec joie le berceau de
» cet astre qui est pour nous l'étoile de l'avenir*, tous
» nos vœux, tout notre amour, toute notre recon-
» naissance sont pour la dynastie de nos princes légi-
» times, et le cri de nos cœurs sera toujours : Vive le
» roi ! vivent les Bourbons ! »

Le *Journal des Débats*, qui a salué de ses perfides louanges la naissance du comte de Paris, adressait en 1820, ces paroles à Monseigneur le duc de Bordeaux :
» Jeune enfant, vous nous apparaissez dans nos ora-
» ges politiques comme l'étoile apparaît en dernier
» signe d'espérance au matelot battu par la tempête.
» Qu'autour de votre berceau viennent se rallier les
» efforts des gens de bien ! *Contre ce berceau sacré
» que tous les efforts des méchans viennent échouer !*
» Croissez pour imiter les vertus de la noble famille
» qui vous entoure ! Croissez pour consoler une mère
» qui vous a conçu dans la douleur ! *Croissez pour
» rendre heureux un peuple qui vous reçut avec tant
» joie et d'espérance !* »

Le poète Victor Hugo, qui ne prévoyait sans doute pas qu'il chanterait un jour les héros de juillet qui ont expulsé le *nouveau Joas*, disait dans une ode admirable de poésie et de sentiment :

Honneur au rejeton qui deviendra la tige !
Henri, nouveau Joas, sauvé par un prodige,
A l'ombre de l'autel croîtra vainqueur du sort !

Un jour de ses vertus notre France embellie,
A ses sœurs, comme Cornélie,
Dira : Voilà mon fils, c'est mon plus beau trésor.

Eh bien ! Madame, malgré tous ces vœux, parmi lesquels il a pu s'en trouver de sincères, Henri de Bourbon est maintenant exilé. Qu'attendre, après cet exemple, de la foi politique et de la science des hommes ; s'ils ont été de bonne foi, les événemens ont donné tort jusqu'ici à leurs prédictions et il ne faut pas s'y fier ; s'ils ont joué la comédie et trahi la branche aînée des Bourbons, ils peuvent tout aussi bien trahir la branche cadette, et il faut les mépriser au lieu de les honorer et de leurs confier les premiers postes de l'état.

V.

Tous les bons catholiques croient, Madame, que les mariages protestants que vous avez déjà eu la condescendance de sanctionner sont autant de pièges qui vous ont été tendus par ceux qui veulent vous perdre dans l'opinion publique en insinuant méchamment, je crois, que la famille d'Orléans veut le bouleversement de la France et sa ruine, ayant déjà donné trois de vos enfans au protestantisme et convaincus qu'ils sont, avec Voltaire, que *le Calvinisme doit nécessairement enfanter des guerres civiles et ébranler les fondemens de l'état.* « Les guerres religieuses du sei-
» zième siècle, dit M. de Châteaubriand, ont duré
» trente-neuf ans ; elles ont enfanté les massacres de
» la Saint-Barthélemy, versé le sang de plus de deux

« millions de Français, et dévoré près de trois milliards
« de notre monnaie actuelle (1) ; elles ont produit la
« saisie et la vente des biens de l'église et des particu-
« liers, frappé deux rois d'une mort violente, Hen-
« ri III et Henri IV, et commencé le procès criminel
« du premier de ces rois.... La communion réformée
« n'a jamais été aussi populaire que la communion
« catholique ; de race princière et patricienne, elle ne
« sympathise pas avec la foule. Equitable et moral,
« le protestantisme est exact dans ses devoirs, mais
» sa bonté tient plus de la raison que la tendresse ; *il
» vêtit celui qui est nu, mais il ne le réchauffe pas sur
» son sein ; il ouvre ses asiles à la misère, mais il ne
» vit pas et ne pleure pas avec elle dans ses réduits les
» plus abjects ; il soulage l'infortuné, mais il n'y
» compâtit pas.* Le moine et le curé sont les compa-
» gnons du pauvre : pauvres comme lui, ils ont pour
» leurs compagnons les entrailles de Jésus-Christ ;
» les haillons, la paille, les plaies, les cachots, ne
» leur inspirent ni dégoût, ni répugnance ; *la charité
» en parfume l'indigence et le malheur.* Le prêtre
» catholique est le successeur des douze hommes du
» peuple qui prêchèrent Jésus-Christ ressuscité ; il
» bénit le corps du mendiant expiré, comme la dé-
» pouille sacrée d'un être aimé de Dieu et ressuscité
» à l'éternelle vie. Le pasteur protestant abandonne
» le nécessiteux sur son lit de mort; pour lui les tom-
» beaux ne sont point une religion, car il ne croit pas
» à ces lieux expiatoires où les prières d'un ami vont
» délivrer une ame souffrante : dans ce monde, il ne

(1) D'après le consciencieux règlement de compte qui vient d'être publié par M. de Villèle, la révolution de juillet en est à son second milliard de déficit en dix ans.

» se précipite point au milieu du feu, de la peste, *il*
» *garde pour sa famille* PARTICULIERE ces soins
« affectueux que le prêtre de Rome prodigue à la
« grande famille humaine. »

Et c'est pour une religion si sèche, si aride, madame, que vous abandonneriez l'église de Saint-Pierre qui est tout charité et tout amour : mais c'est l'effet contraire qui se produit tout autour de vous. Ecoutez Byron : « J'élève ma fille à un catholicisme strict,
» dans un couvent de la Romagne, écrit-il, car je
» pense qu'on ne peut jamais avoir assez de religion
» quand on en a : *je penche de jour en jour davantage*
» *vers les doctrines catholiques.* »

Les aveux suivants de Benjamin Constant sont également précieux à constater. « Je ne suis plus ce phi-
» losophe intrépide, sûr qu'il n'y a plus rien après ce
» monde et tellement content de ce monde qu'il se ré-
» jouit qu'il n'y en ait point d'autre. Mon ouvrage (1)
» est une singulière preuve de ce que dit Bacon, *qu'un*
» *peu de science mène à l'athéisme, et plus de science*
» *à la religion*, c'est positivement en approfondis-
» sant les faits, en me recueillant de toutes parts,
» et en me heurtant contre les difficultés sans nom-
» bre qu'ils opposent à l'incrédulité, que *je me suis*
» *vu forcé de reculer dans les idées religieuses. Je l'ai*
» *fait certainement de bien bonne foi, car chaque pas*
» *rétrograde m'a coûté.* Encore à présent, toutes mes
» habitudes et tous mes souvenirs sont philosophi-
» ques, et je défends poste après poste, tout ce que
» la religion reconquit sur moi. Il y a même un sacri-
» fice d'amour propre; car il est difficile, je le pense,

(1) *Histoire du Polythéisme.*

» de trouver une logique plus serrée que celle dont
» je m'étais servi pour attaquer toutes les opinions
» de ce genre. Mon livre n'avait absolument que le
» défaut d'aller dans le sens opposé à ce qui, à pré-
» sent, me paraît vrai et bon, et j'aurais eu un suc-
» cès de parti indubitable, j'aurais pu même avoir
» encore un autre succès, car avec de très légères
» inclinaisons, j'en aurais fait ce qu'on aimerait le
» mieux à présent : un système d'athéisme pour les
» gens comme il faut, un manifeste contre les prêtres,
» et le tout combiné avec l'aveu qu'il faut pour le
» peuple de certaines fables, ce qui satisfait à la fois
» le pouvoir et la vanité. »

Et c'est quand des hommes tels que Byron et Benjamin Constant s'avouent forcés, quoiqu'il en coûte à leur amour-propre et à leurs antécédents, d'abandonner le protestantisme pour retourner au catholicisme, et l'athéisme pour la foi religieuse ; c'est lorsque Herder et toute l'école philosophique allemande tournent leurs regards vers l'église universelle ; c'est enfin lorsque toute la France revient aux idées religieuses compromises un instant par les écrivains du dix-huitième siècle et par le scandaleux exemple du régent, que vous, madame, vous prêteriez votre appui au protestantisme. Mais il me semble encore une fois, que lorsque cette secte dangereuse s'en va, ce ne devrait pas être aux d'Orléans à l'arrêter dans sa marche triomphalement rétrograde !.....

Je l'ai déjà dit, et j'aime à le répéter en finissant: par sa protection spéciale Marguerite d'Orléans a encouragé le protestantisme, et c'est à sa coupable condescendance qu'on doit reprocher tous les désas-

tres du seizième siècle; j'espère qu'une autre duchesse d'Orléans n'éternisera pas nos misères en soutenant de ses puissans efforts la secte qui *doit nécessairement, comme l'a dit* Voltaire, *enfanter des guerres civiles et ébranler les fondemens des états,* et qui a été lancée dans la société catholique, par Luther, comme un glaive *exterminateur* qui doit un jour la détruire. Tel est, madame, mon dernier vœu à cet égard. Mais il m'en reste encore un à former pour la sécurité future des d'Orléans, qui étaient, selon un auguste dire, *de si bonnes gens :* c'est celui d'inviter votre époux à abdiquer le pouvoir. Le roi Guillaume de Hollande et Marie-Christine de Sicile, viennent de donner un exemple qui doit être suivi : l'Europe entière va se renouveler et se reconstituer sur de nouvelles et plus solides bases pour faire face aux événemens qui se préparent sur un autre continent; de jeunes hommes sont nécessaires pour accomplir l'œuvre de la Providence; et, comme le disait dernièrement encore Mgr. le duc de Bordeaux à l'un de nos amis, « Il faut que la France puisse bientôt se
» reposer, heureuse et libre, dans le lit que la na-
» ture lui a formé entre les Alpes et la mer, les Py-
» rénées et le Rhin. »

Je suis, madame, etc.

FRÉDÉRIC DOLLÉ.

www.ingramcontent.com/pod-product-compliance
Lightning Source LLC
Chambersburg PA
CBHW061013050426
42453CB00009B/1422